Guianza de Dios

R.E. CLARK

GnG Publishers
122 Skinner St.
Centerton, AR 72719

Primera Edición
Publicada por GnG Publishers
7/25/2014

Impreso en los Estados Unidos de América
Foto de Cobertura Cortesía de: StockPhotosforFree.com
ISBN-13: 978-0692263891
ISBN-10: 0692263896

DEDICATORIA

A mi esposa, Trudy, la cual me ha alentado para poner
mis pensamientos en papel y formato de libro
electrónico con la esperanza de que muchos vendrán a
reconocer a JESÚS.

Tabla de Contenidos

RECONOCIMIENTOS

Muchos de ustedes han sido un instrumento tan fundamental en la redacción de este libro, que se necesitaría otro libro solo para enumerarlos a todos. Curiosamente, la mayoría de ustedes no saben que han tomado un papel tan importante en mi vida. Ustedes caminaron a mi lado mientras yo predicaba la Palabra de Dios. De todos esos años de predicar y tener congregaciones que apoyaron mi ministerio, me he dado cuenta de que hay muy pocos o ninguno de los sermones que se deben predicar sólo una vez.
Gracias a todos ustedes que han sido amigos estimados y animadores en el camino.

Una vez más, agradezco a mi asistente administrativa, que también es mi hija, y a mi esposa. Ellas me han ayudado fielmente vez tras vez en la corrección y han hecho una retroalimentación honesta en la redacción de este libro.

PREFACIO

Sólo he tenido un par de veces en mi vida que sabía más allá de toda sombra de duda de que Dios me había hablado. No me refiero a las veces cuando Él habla por medio de Su palabra. Yo he escuchado Su voz muchas veces mientras estudié las escrituras o me he sentado bajo los predicadores y los que enseñan de la misma. Estoy pensando en esos momentos notables cuando Él hace Su presencia vívidamente real y aunque Su voz es como un pequeño susurro, aún así, es sin lugar a dudas lo suficientemente fuerte para reconocerla inequívocamente como Suya.

Este libro fue escrito por uno de esos momentos. Fue en medio de un mensaje que estaba predicando sobre el tema de la guianza de Dios, yo sabía que ese mensaje se convertiría en la base para mi próximo libro. Quería que muchas personas supieran que era posible saber que el camino que actualmente estaban caminando era de hecho un camino ordenado y dirigido por Dios.

He incluido una sección de postes de señales al final de cada capítulo para ayudarle a evaluar su caminar actual y hacer los ajustes necesarios para tomar el siguiente paso como Dios le está guiando.

Capítulo Uno

TIEMPO PARA SALIR DE EGIPTO

Nuestro viaje siempre comienza en Egipto. Por lo menos nuestros viajes espirituales comienzan allí. Egipto desde el principio en la tipología bíblica simboliza el mundo.

Es un lugar de cautiverio. Al igual que en Israel en el tiempo de Éxodo, todo el mundo que vivía en ese momento había nacido en esclavitud. No conocían nada más.

Seguramente hubo historias de un lugar llamado la Tierra Prometida, pero en su mayor parte eran solo eso: historias. Cuatrocientos años han dado a luz un pueblo que asume que su destino era simplemente hacer ladrillos y construir estructuras fabulosas para la gloria del Faraón.

Pero Dios escuchó el clamor de los pocos. Él honró su promesa de liberar a su pueblo del cautiverio y Su plan era hacerlo con mano fuerte.

Moisés entró. Y aunque él empezó cuarenta años antes sin tener la expectativa de la liberación del pueblo, el retornó. Él había pasado las últimas cuatro décadas detrás del desierto. Dios había estado preparando a este príncipe antiguo de Egipto para ser el que iba a sacar a su pueblo de las sombras de la esclavitud a la luz del sol de la salvación. Era el momento para salir de Egipto.

Este viaje se iniciaría con toda la emoción y la expectativa que acompaña a la mayoría de las aventuras. Con mano poderosa Dios demostraría el mayor poder en la Tierra, que Él podía liberar a Su pueblo.

Todo esto iba a suceder en el tiempo cuando el propósito de Dios fuera revelado. Nunca es tarde, pero también nunca es temprano, Dios iba a manifestar su voluntad para con su pueblo. Su respuesta era seguir su dirección.

Al igual que todos nosotros, descubrir la voluntad de Dios es solo el comienzo. Seguir su ejemplo hasta que Su voluntad esté totalmente cumplida es la parte más difícil de todo esto.

Es fácil llenar un cuarto con conferencistas si la sesión se titula: "Cómo conocer la voluntad de Dios." Docenas se alinearán para encontrar la voluntad de Dios, sobre todo si la voluntad de Dios se alinea a la perfección con sus planes.

Puedes reducir la multitud un poco si se añaden dos palabras al título de la conferencia: "Como conocer y hacer la voluntad de Dios." Un montón de gente quiere saber, pero pocos quieren hacer.

Si quieres conseguir los verdaderos discípulos o al menos reducir aquellos de los menos comprometidos, solo tendrás que cambiar el nombre completo de tu conferencia. Prueba esto: "Cómo seguir a Dios sin condiciones."

Ahora estamos en el grupo que está completamente comprometido como discípulos de Jesús. Pero incluso se podría reforzar el enfoque más si usted hizo la sesión uno de auto-examen. Usted podría hacer la siguiente pregunta. ¿Cómo puedes saber que estás siendo guiado por Dios?

De repente, tu perspectiva se convierte en un vistazo hacia adentro. Tú tienes que preguntarte si realmente estás siendo guiado por Dios para hacer lo que estás haciendo. Entonces tú tienes que determinar si has espiritualizado tu actividad actual.

En otras palabras, tú puedes estar en un buen viaje. Incluso puede ser un viaje agradable. Tal vez incluso se puede atribuir algunas de tus actividades a motivos piadosos. Puede que incluso has apoyado tu caminar con un par de versículos de la Biblia para respaldar tu razonamiento. Pero al final, no estás siendo guiado por Dios.

Al tomar una mirada profunda en el éxodo de Israel de Egipto, espero que seas capaz de descubrir algunos puntos de control que se puedan utilizar a lo largo del camino. Los marcadores de millas y los postes de señales que te ayudarán a mantenerte en el camino y estar seguro de que estés realmente siguiendo la dirección de Dios.

Cada capítulo comenzará con una declaración simple:

Esos que son guiados por Dios _____.

Espero que el contenido de cada capítulo te pueda ayudar a llenar el espacio. Entonces, comencemos el viaje de salida de Egipto mientras estamos siendo guiados por Dios.

Postes de Señales

¿Qué parte tomó Moisés en la liberación de Israel de Egipto?

_____

_____

_____

_____

¿Cuál es una verdad que aprendiste sobre el tiempo de Dios?

_____

_____

_____

_____

¿Qué es más importante: Tu perspectiva hacia afuera o hacia adentro? ¿Por qué?

_____

_____

_____

_____

¿Por qué es importante saber que tú estás siendo guiado por Dios?

_____

_____

_____

_____

NOTAS

Capítulo Dos

LIBERACIÓN

Los que están siendo guiados por Dios <u>han sido liberados por el mismo Dios</u>.

Nuestro viaje comienza en Éxodo 13:16. Mucho había sucedido en los días previos a este versículo. Algunos de los que vamos a discutir mientras hablamos cómo Dios había liberado a Israel de Egipto.

Este versículo nos dice claramente que Dios usó todo Su poder para liberar a Israel de la esclavitud Egipcia: "... Por cuanto Jehová nos sacó de Egipto con mano fuerte."

Dios derramó toda Su fuerza en la liberación de Israel. Esta demostración de poder fue revelada por las plagas y milagros, que al fin habían puesto al rey de Egipto de rodillas, y finalmente, lo llevó a enviar a los

Israelitas por su camino fuera de la esclavitud, y en última instancia, a la Tierra Prometida.

La palabra "fuerza" que se utiliza en este versículo tiene la idea de apoderarse. Dios usó su gran poder, no sólo para apoderarse del control de los egipcios, sino que también demostró que sostenía firmemente a los hijos de Israel a lo largo de toda la liberación.

Su liberación fue claramente tanto de naturaleza espiritual como física. Todas las plagas que azotaron a Egipto eran desafíos directos a los dioses de los egipcios.

Solamente a Dios se adoraba. Los mandamientos escritos por el dedo de Dios en las tablas de piedra habían pronunciado claramente que no había otros dioses. Egipto estaba lleno de idolatría cuando Moisés apareció en escena para declarar que Faraón debería dejar ir al pueblo. Uno tras otros de estos falsos dioses fueron deshonrados públicamente mientras el Dios de Israel puso su poder en exhibición.

Una a una las plagas arrasaron con los dioses de Egipto. Faraón todavía estaba lleno de desprecio por el Dios de Israel, cuando se desató la decima plaga. Esta plaga demostró el poder de Dios sobre la vida y la muerte. Se culminó con la muerte de cada hijo primogénito de cada hogar en la tierra. Sólo aquellos que habían seguido el mandato de Dios para colocar la sangre en los postes de las puertas de sus casas, fueron liberados.

Imagínese el grito horrible que subía a esa hora de la media noche, cuando el ángel de la muerte se abrió paso a través de la tierra del Nilo. Una casa tras otra descubrió el cuerpo sin aliento de su hijo primogénito. Familia tras familia llegaron a entender lo que significaba ser capturados por la mano poderosa de Dios.

Finalmente, el ángel de la muerte pasó sobre el palacio del Faraón. Los guardias no pudieron detener su avance. Los dioses de Egipto eran impotentes ante su entrada. El sentimiento del faraón sobre todo lo que pensaba fue desvanecido mientras sostenía el cuerpo muerto de su hijo cerca a su pecho. Gritando a los dioses que no podían oír, maldijo a los guardias que no podían proteger, cedió a la fuerza y a la mano poderosa de Dios, y se arrepintió. Los hijos de Israel fueron despedidos bajo su mando, pero en realidad habían sido liberados por el propio poder de Dios.

Uno debe preguntarse lo que podría haber sido la respuesta de las familias que habitaban en la tierra de Gosén. En este caso, los hijos de Israel habían vivido durante más de 400 años en espera de esta noche de liberación. Habían visto como Dios apretaba lentamente su agarre sobre el rey de Egipto. Habían escuchado, apenas diez días antes de esa noche, mientras Moisés entregó las instrucciones para la Pascua de Dios.

"Y Moisés convocó a todos los ancianos de Israel, y les dijo: Sacad y tomaos corderos por vuestras familias, y sacrificad la pascua. Y tomad un manojo de hisopo, y mojadlo en la sangre que estará en un lebrillo, y untad el dintel y los dos postes con la sangre que estará en el lebrillo; y ninguno de vosotros salga de las puertas de su casa hasta la mañana. Porque Jehová pasará hiriendo a los egipcios; y cuando vea la sangre en el dintel y en los dos postes, pasará Jehová aquella puerta, y no dejará entrar al heridor en vuestras casas para herir. " Éxodo 12:21-23.

La Escritura no nos dice exactamente cómo cada uno respondió a esta serie de instrucciones. Todas las otras plagas habían afectado a Egipto, pero la tierra de Gosén había estado a salvo. Esta última plaga requería a los hijos de Israel prepararse para el paso del ángel de la muerte sobre sus casas también. Estarían a salvo sólo si seguían la guianza de Dios.

Ya que la Escritura no nos dice cómo la gente pudo haber respondido, he considerado varias posibilidades en función de cómo veo a la gente responder hoy al derramamiento de la sangre por Jesús en la cruz.

Suponiendo que no hay nada nuevo bajo el sol, y que las personas son iguales en todo el mundo, he agrupado los Israelitas en cuatro grupos distintos.

El primer grupo podría haber respondido como muchos lo hacen hoy con un rechazo total a la matanza de un cordero inocente. La suposición podría ser que ellos eran personas sinceras. No habían hecho ningún gran daño a nadie, habían guardado la ley, habían pagado sus impuestos, amaban a sus esposas e hijos. Tú has oído hablar de estas rutinas antes.

Estas personas no podían ver que necesitaban alguna protección contra el paso del ángel de la muerte. A pesar de que vivían en la tierra de Gosén entre los miles de hermanos israelitas, el horror de esa noche habría sido grave.

Al igual que los gemidos que se colaban en el horizonte de cada casa Egipcia afectada por el poder de la muerte, ellos también habían sentido el aguijón de la muerte en su casa. Sin la sangre derramada y su aplicación a los marcos y al dintel de la puerta de las casas, esta décima plaga se desató en toda su furia.

Rechazar la muerte de Jesús como nuestro sacrificio no es diferente a este escenario. La Escritura es clara al declarar que Jesús vino una vez por todas a morir por toda la humanidad.

Calvin Miller escribiendo para el *Discipulado Diario* afirmó en su artículo, "El Día que la Muerte Murió", "Una muerte en toda la historia está por encima de todas las demás. Es la 'muerte de las muertes' no porque fuera la más dolorosa, sino porque fue también la 'muerte de la muerte.'"

Él llegó a decir en este mismo artículo, "La Biblia siempre ha hablado del pecado como la causa de la muerte. En Ezequiel 18:4 dice la Escritura: "El alma que pecare, esa morirá." La Biblia indica en el libro de Génesis que el hombre, que fue creado para tener la vida eterna, perdió esta vida a través de la desobediencia. Por lo tanto, desde Adán hasta Jesús, el pecado continuó produciendo la muerte, pero la expiación de Jesucristo fue la respuesta a los problemas de la desesperanza del hombre. La entrega voluntaria de Jesús de sí mismo fue la muerte para poner fin a toda muerte. A través del gran corazón del amor de Dios, Jesús nos mostró que su muerte fue de alguna manera representativa. Jesús murió por todos los hombres."

El Segundo grupo es similar al primero. También tienen una antipatía hacia el derramamiento de sangre. Hay un sentido de cautela en este grupo; sin embargo, el deseo de proteger a su familia en caso de que todo este asunto de la Pascua es cierto, los lleva a adquirir un cordero. Después de todo, ¿qué hay de malo en tener un cordero adicional sobre la casa?

Me los imagino atando el cordero con seguridad en la puerta de su casa la noche de la Pascua. A lo largo de sus calles los corderos se escuchan balando mientras su sangre se derrama. Cada uno de esos corderos clama por un momento y luego se silencia, pero no su cordero. Este cordero se esfuerza por liberarse de su correa. A medida que la hora se acerca a la media noche aún está balando en voz alta en las calles ensangrentadas de Gosén.

Entonces, de la nada, el ángel de la muerte se acerca a esta casa. El cordero detecta la presencia del ángel y tira violentamente de la pieza de cuero que lo ata firmemente a la casa. El ángel hace una pausa por un momento, pero al no ver la sangre, entra en la casa, y el primogénito muere.

¿Cuántos hoy en día tienen la misma identidad con Jesús? Tienen todos los atavíos religiosos en su lugar. Una propaganda de Jesús adorna el parachoques de su automóvil. La radio puesta en una estación Cristina. La asistencia a la iglesia es medio regular.

Cualquier persona en el exterior vería rápidamente a Jesús atado de forma segura a su puerta. Pero una Mirada en el interior vería que el poder de la muerte todavía está gobernando la hora, un padre está de luto por la muerte de un hijo.

Mi tercer grupo incluiría a aquellos que son lo más prominentes encontrados en las bancas de nuestras iglesia hoy. Estos individuos declaran que no creen plenamente que la Escritura sea la Palabra inspirada, infalible e inerrante de Dios.

Me uno plenamente en esta creencia. Aunque muchos en este campo proclamarían su voluntad de morir por la verdad de la Escritura, simplemente no lo viven en su vida cotidiana. Teológicamente, son sanos; prácticamente son deficientes.

Hace varios años he desarrollado una cierta forma de anemia. Se denomina anemia perniciosa y se presenta así. El cuerpo no puede procesar apropiadamente la vitamina B-12, que se encuentra en las carnes, huevos y leche. La vitamina B-12 debe ser llevada a través del extracto digestivo por una proteína conocida como factor intrínseco.

Esto permite que la B-12 se absorba en el torrente sanguíneo y por lo tanto el valor nutricional de esta vitamina se puso a disposición del sistema humano. En el caso de la anemia perniciosa el cuerpo deja de producir esta proteína. Aunque las carnes, los huevos y la leche se comen, el beneficio de la vitamina B-12 se pierde, ya que se destruye en la digestión de la comida.

Esta analogía se ajusta bien a este tercer grupo de personas que habían recibido la palabra de Dios en la noche de la Pascua. Su creencia era anémica. Creían, pero no se comportan como ellos creían. Habían tomado la verdad, pero el factor de la fe había desaparecido y simplemente no podían beneficiarse de la alegría que debería haber estado disponible en esta noche de liberación.

Ellos hubieran tomado un cordero como Moisés había ordenado. Lo hubieran mantenido y alimentado por el tiempo requerido. El padre de esa familia hubiera derramado la sangre de este cordero inocente en el umbral de la puerta. Él hubiera sumergido el hisopo en la sangre y lo hubiera aplicado en el dintel y los marcos de la puerta. Su familia se hubiera reunido en la casa y hubiera esperado el paso del ángel de la muerte. Habrían preparado el cordero y se lo habrían comido según las indicaciones.

Hasta este punto, habrían sido elogiados. Esta familia había hecho todo lo que se requería, pero después de haber hecho todo se sentó en su casa y temblaban. El temor se apoderó de sus corazones. Ambos padres minuto a minuto comprobaban la salud de su hijo primogénito. Aunque habían creído la palabra de Dios y habían hecho todo para proteger a su familia de esta última plaga, vivieron en la incredulidad y la falta de fe.

A medida que la hora de la media noche se acercaba, la familia se habría sumido ante los gritos chillantes de los que no estaban bajo la protección de la sangre. Con cada grito horrible, se habrían apiñado y en especial habían abrazado a su hijo apretadamente. Incluso en su creencia, no fueron capaces de representar lo que ellos sabían que era verdad. Al igual que muchos cristianos hoy en día, no es una cuestión de no creer que la Biblia sea verdadera; es no ser capaz de actuar y vivir una vida basada en la Biblia.

El ángel se acerca a esta casa y ve la sangre aplicada según fue necesario. Su misión de muerte se cumple en cada familia sin la protección de la sangre. Su determinación por pasar sobre la casa de la sangre salpicada no tiene nada que ver con el miedo a los acurrucados dentro. Él ve la sangre y pasa por encima de esta casa. Dentro de la casa un padre sostiene a su hijo, le besa la mejilla y lo mira profundamente a los ojos - un hijo vive.

Y ahora, mi último grupo. Espero, te encuentres en este grupo. Si no, a continuación, utiliza esto como una oportunidad para hacer los ajustes necesarios para comenzar a vivir tu vida en gozosa liberación de la esclavitud de Egipto.

Este grupo puede haber sido menor en número que la mayoría que a nosotros nos gustaría admitir. Estas familias siguen la palabra de Dios al pie de la letra, como había sido entregada por Moisés. Ellos habían terminado con la vida en Egipto y estaban dispuestos a hacer todo lo necesario para vivir una vida victoriosa al otro lado del Mar Rojo. Estaban listos para experimentar todo lo que la tierra prometida tenía para ellos.

Al igual que en el grupo anterior, que habían adquirido un cordero y fielmente lo habrían sacrificado en la puerta de su casa. Los niños veían como el pequeño cordero moría allí. Su sangre formaba un charco en el umbral de la puerta.

Habían seguido la mano de su padre, mientras colocaba un poco de sangre en el dintel y los marcos de la puerta. A medida que su mano se movía a través del aire poniendo la sangre de inocencia a la puerta, habrían visto al padre dejando sangre en forma de cruz. La Sangre ahora marcada en la puerta, simbolizaba donde Jesús se habría desangrado en la cruz del calvario. El dintel que marca el lugar donde los espinos adornaban la frente. Los marcos de la puerta que llevan la sangre que ha corrido por debajo de sus manos atravesadas por los clavos. El umbral de la puerta untado de sangre que habría corrido por su cuerpo y se habría unido a la sangre que fluía de sus pies clavados.

Esta familia había mirado el cuerpo de este cordero siendo preparado y comenzado a cocinar por su madre. Ellos se juntarían completamente vestidos con zapatos puestos en sus pies. Esta sería una noche inolvidable. Muy pronto, el ángel de la muerte vendría a visitar su calle. El se posaría en su puerta, pero no entraría a su hogar para tomar la vida de ninguno de ese hogar.

Juntos, ellos se sentarían en luz tenue y se regocijarían de que un cordero habría dado su vida para protegerlos. Con gozo ellos cantarían juntos y se regocijarían que esta era su última noche de cautividad.

Y ¿qué canto crees tú que hubieran cantado? Aunque no fue escrito por 3400 años, yo me imagino que ellos cantaron una canción como, *Victoria en Jesús*. Sus palabras son tan apropiadas:

> Oí bendita historia,
> De Jesús quien de su gloria,
> Al Calvario decidió venir
> Para salvarme a mí.
> Su sangre derramada
> Se aplicó feliz a mi alma,
> Me dio victoria sin igual
> Cuando me arrepentí.
>
> Ya tengo la victoria,
> Pues Cristo me salva.
> Buscome y comprome,
> Con su divino amor.
> Me imparte de su gloria,
> Su paz inunda mi alma;
> Victoria me concedió
> Cuando por mi murió.

Ciertamente, no podemos estar seguros de cómo pasaron exactamente las cosas esa noche hace muchos años en Egipto, pero entendiendo la naturaleza humana y nuestra respuesta a la Palabra de Dios, tengo la confianza de que respuestas similares hubieran sido notadas esa noche de liberación.

Una cosa es segura: La liberación de Dios de Israel fue permanente, igual que la de nosotros. Solo encuentro una vez donde el Mar Rojo fue dividido y fue para dejar al pueblo de Dios salir de Egipto.

Si tú has sido liberado, fue para bien. Nadie te tiene que decir si has experimentado el cruce del Mar Rojo. La realidad resuena en tu corazón. Tú sabes que eso es cierto. Ahora es tiempo de empezar a vivir la verdad en tu vida.

La primera evidencia de que tú estás siendo guiado por Dios es el hecho de tu liberación. Sin esto, no podrías comenzar tu viaje. La liberación puede ser tuya hoy por pedirla. Solamente arrepiéntete de tus pecados y cree que el sacrificio de Jesús es suficiente para salvarte.

Como la sangre del cordero en el marco de la puerta de los Israelitas, la sangre derramada en la cruz te puede mantener salvo al pasar el ángel de la muerte. Si tú eres un creyente, habiendo confiado en Cristo como tu Salvador y Señor personal, entonces ahora es tiempo de reclamar tu victoria en Jesús y salir de Egipto como Dios te guía.

Si tú nunca has aceptado a Cristo y no has tenido la sangre de la cruz aplicada en la puerta de tu corazón, entonces sigues siendo cautivo de un Egipto espiritual y necesitas un rescate. El ángel de la muerte está en camino ya que todos lo enfrentaremos en los últimos momentos en esta vida.

¿Por qué no llamar a Jesús ahora? No necesitas un cordero para sacrificarlo, porque El Cordero de Dios ya ha sido sacrificado por ti. Confía en la sangre que Él derramó y está siendo aplicada en tu vida. Él te dará vida eterna inmediatamente y tú podrás descansar asegurado de que serás salvo cuando la muerte venga y toque a tu puerta.

Postes de Señales

¿Por qué es que los hijos de Israel tenían que ser librados de Egipto?

_____

_____

_____

_____

¿Qué significado tiene la Pascua para los creyentes?

_____

_____

_____

_____

¿Cuáles son los cuatro escenarios que da el autor como respuestas a la Pascua?

_____

_____

_____

_____

¿Por qué era necesaria que la sangre del cordero fuera derramada?

_____

_____

_____

_____

¿Cuántas casas fueron afectadas por el paso del ángel de la muerte?

_____

_____

_____

_____

¿Cuál símbolo familiar fue formado por la aplicación de la sangre en la puerta de cada uno de los hogares de los Israelitas?

_____

_____

_____

_____

NOTAS

Capítulo Dos

SIGUIENDO SIN CUESTIONAR

Esos que son guiados por Dios <u>siguen sin cuestionar</u>.

La liberación es la parte fácil de ser guiado por Dios.

Y tu respuesta a esa declaración es un suspiro resonante mientras tratas de controlar tu respirar. La liberación es de hecho muy fácil. Cuando consideras el hecho que tú estás condenado y que el mayor ejército en el mundo te mantiene en cautiverio, la salvación es bien fácil.

Es fácil, porque depende del poder de Dios siendo liberado para librarte. Todo lo que tienes que hacer es prepararte para ir. Igual que lo que los hijos de Israel hicieron esa noche de Pascua.

Todos los detalles sobre su liberación fueron coreografiados por Dios. Él escogió todas esas plagas y dirigió su administración sobre los egipcios. Esos que prepararon el cordero y aplicaron la sangre en sus puertas salieron la próxima mañana en un viaje glorioso que los dirigía directamente a la Tierra Prometida.

¡Incorrecto!

Algunas veces la manera de Dios no es siempre la más rápida. A veces nos encontramos desarrollando una actitud de cuestionamiento. Tú conoces la rutina. Si aun no has hecho la pregunta, lo más probable que alguien te ha preguntado a ti. Muchas veces viene del asiento trasero de tu carro y viene temprano y más de una vez.

"¿Ya llegamos?"

Ahora, esperamos que niños hagan tales preguntas. Ellos no pueden discernir el tiempo y la distancia. Es fácil para ellos crecer descontentos rápidamente y comenzar a cuestionar tu habilidad de llegar al destino señalado en un marco de tiempo en la cual ellos esperan.

Pero no somos niños o mejor dicho no deberíamos de estar actuando como niños. Esta es la razón por la cual dije que la liberación es la parte más fácil de ser guiado por Dios. El camino verdadero de la fe comienza inmediatamente después que las cadenas de atadura se han caído.

El viaje de Egipto a la Tierra Prometida tomaría normalmente alrededor de dos semanas. Posiblemente más tiempo si consideras que un millón de personas o más estaban haciendo este viaje. De todos modos, era más corto que el viaje que tomó Israel.

Interesantemente, Dios no los llevó desde el primer momento en la ruta directa. Él empezó a guiar a Israel en un camino particular que los guió a una trampa. Al menos de esa manera se veía a los ojos del Faraón quien en la mañana temprano había cambiado de estado sobre soltar a sus esclavos trabajadores y dejarlos salir de Egipto.

"Y luego que Faraón dejó ir al pueblo, Dios no los llevó por el camino de la tierra de los filisteos, que estaba cerca; porque dijo Dios: Para que no se arrepienta el pueblo cuando vea la guerra, y se vuelva a Egipto. Más hizo Dios que el pueblo rodease por el camino del desierto del Mar Rojo. Y subieron los hijos de Israel de Egipto armados." ~Éxodo 13:17-18.

Hay pocas veces, si las hay, que sabremos discernir o entender por qué Dios nos está guiando en un cierto camino. Y estamos inclinados a preguntar, "¿Estamos llegando?"

La generación presente no sabe de un mundo sin microondas o de numerosos aparatos rápidos y sencillos que han causado que adoptemos una actitud de gratificación instantánea.

Lo queremos ahora y rápido. Los atajos abundan en el mundo de computadoras y hemos crecido acostumbrados a tomarlos regularmente. El único problema es que estas correcciones rápidas y remedios instantáneos se han cargado a otras áreas de nuestras vidas.

Queremos nuestra comida rápida muy rápida. No te atrevas a mantenerme esperando más que un par de minutos en McDonald's. Los carros se acercan más y más en luz roja y debes de tener cuidado cuando se ponga verde porque inevitablemente dos o tres carros se irán en rojo.

Lo que extrañamos en todo esto es la realidad que Dios nos está protegiendo por medio de Su demora divina. Dios a propósito los guió en la ruta larga y a lo que se veía como lo que era una trampa en la orilla del Mar Rojo, porque Él conocía sus corazones.

Estas personas nunca habían visto guerra. Ellos habían nacido como esclavos. No hacían sus propias decisiones. Trabajaban cuando les decían que trabajaran. Construían lo que el tirano les decía que construyeran. Sus consejos nunca fueron solicitados ni rendidos.

Antes de venir a Cristo, podría verse como que si hacemos nuestras propias decisiones, pero honestamente, lo opuesto es la verdad. Somos esclavos del pecado. Nosotros hacemos lo que el pecado nos encomienda y no tenemos ninguna opción sobre el asunto.

Es cuando la liberación viene que empezamos a tomar decisiones reales. Tenemos el potencial para hacer decisiones terribles, pero gracias a Dios, Él nos está guiando. A pesar de que puede parecer el camino más largo, en realidad Él nos está protegiendo de cambiar nuestra mente y de correr de vuelta a la cautividad. Recuerda, que esto era una tendencia real de los hijos de Israel. Cada vez que se veían con una dificultad alguien saltaba con la idea de regresar a Egipto.

La guianza de Dios siempre es un camino de fe. La fe siempre será sin vista porque si pudiéramos ver, entonces no sería fe. La manera en la cual Dios guía es un terreno de pruebas para nuestra fe. Moisés escribía del viaje por el desierto mientras registraba la historia de Israel.

"Y te acordarás de todo el camino por donde te ha traído Jehová tu Dios estos cuarenta años en el desierto, para afligirte, para probarte, para saber lo que había en tu corazón, si habías de guardar o no sus mandamientos." ~Deuteronomio 8:2.

Nunca estaremos en peligro cuando viajamos en el camino en el cual Dios nos guía. Los tiempos pueden ser difíciles. Podrían ser fuertes, pero el propósito de Dios no es hacernos daño. Él quiere saber lo que verdaderamente está pasando en nuestros corazones y deshacernos de las tendencias de huir hacia Egipto de nuevo.

¿Cómo es posible hacer esto en nuestro camino Cristiano? ¿Por qué lo seguimos cuando el camino se ve largo? ¿Qué cambiará nuestros corazones y nos detendrá de preguntar, "Ya llegamos?"

Todo cambia el momento cuando lo reconocemos como el Buen Pastor. El Pastor siempre está presente para proteger a sus ovejas. El pastor pondría su vida en por sus ovejas, igual como Jesús puso la Suya por nosotros.

Siempre volvemos de nuevo a la sangre. Era la sangre en los postes de las puertas que los protegía en esa noche de Pascua. Es la sangre en esa cruz que demuestra que Cristo dio Su vida por las ovejas.

Dios guió a Israel en otro camino para evitar que se enfrentaran al enemigo antes de tiempo. Se encontrarían con enemigos durante el camino, pero esas veces vendrían después que hubieran aprendido a confiar en Dios. Vendrían a conocer su voz como el Buen Pastor y lo seguirían a Él donde Él los guiara.

Sería a pastos verdes o al lado de aguas tranquilas como el Salmos 23 nos dice. Pero este Salmo también declara que el Pastor nos prepara una mesa en la presencia del enemigo. Las buenas noticias son que su vara y su cayado siempre están listos para proteger de cualquier ataque del enemigo.

El camino se verá largo, pero podemos seguir porque sabemos a dónde vamos. El creyente sabe que el cielo es el destino final. Viajamos en la carretera del Rey. Esta calle fue pavimentada por Dios mismo por medio de la sangre de Su propio Hijo. Sólo el redimido puede viajar allí y el camino ha sido hecho salvo de todos los ataques del enemigo. Como dijo Isaías:

"Y habrá allí calzada y camino, y será llamado Camino de Santidad; no pasará inmundo por él, sino que él mismo estará con ellos; el que anduviere en este camino, por torpe que sea, no se extraviará. No habrá allí león, ni fiera subirá por él, ni allí se hallará, para que caminen los redimidos. Y los redimidos de Jehová volverán, y vendrán a Sion con alegría; y gozo perpetuo será sobre sus cabezas; y tendrán gozo y alegría, y huirán la tristeza y el gemido." ~Isaías 35:8-10

Liberados y mudándose de Egipto sin cuestionar. Ahora conoces dos de las siete maneras de saber si Dios te está guiando.

"¿Ya llegamos?" Es una buena pregunta. Entonces, pasemos al siguiente capítulo y los próximos postes de señales que nos alientan a saber que estamos siendo guiados por Dios.

Postes de Señales

¿Hay veces en tu vida en las cuales las maneras de Dios son misteriosas? ¿Cómo?

_____
_____
_____
_____

¿Por qué Dios guió a los hijos de Israel en un viaje más largo a la Tierra Prometida que lo que era necesario?

_____
_____
_____
_____

¿Qué parte toma la fe cuando las cosas en tu vida no pasan como tú esperabas?

_____
_____
_____
_____

¿Cómo es que nuestras preguntas traen más confusión al proceso de conocer si Dios nos está guiando o no?

_____
_____
_____
_____

Narra un incidente en tu vida cuando te has preguntado, "¿Ya llegamos?"

_____

_____

_____

_____

¿Cuán reconfortante, como creyentes, es saber que Dios llena el papel de ser el Buen Pastor?

_____

_____

_____

_____

NOTAS

Capítulo Cuatro

SIGUIENDO DE MANERA ORDENADA

Esos que son guiados por Dios <u>deben seguir de manera ordenada</u>.

"Y en orden de batalla subieron los hijos de Israel de la tierra de Egipto." ~Éxodo 13-18b. (Tomado de la Biblia de las Américas)

Si la liberación es la parte más fácil de reconocer que estás siendo guiado por Dios, entonces seguirlo en orden debería de ser lo más difícil. Cada parte de nuestro ser se resiste al orden. Vivimos en un mundo que está lleno de caos y desorden. Todo está afectado por el desorden resultado que causa el pecado.

Imagínate la enorme tarea que tenía por delante Moisés. Ayer todo Israel vivía en Gosén y laboraba en los campamentos de esclavitud del Faraón. En condiciones miserables por así decirlo, aunque por lo menos había orden. Todos sabían exactamente cuáles eran los parámetros. Los jefes lo hacían fácil de entender por las puntas de sus látigos.

Pero hoy... Todo sería diferente. Hoy más de un millón de esclavos antiguos se mudarían de Gosén y empezarían su viaje hacia la Tierra Prometida.

Es asombroso que la Escritura hace notable la pequeña oración al final del versículo 18. Lo que se veía como una nota al margen, en verdad es una de las marcas principales que nos ayuda a determinar si estamos siendo guiados por Dios o no en cualquier viaje que estamos tomando en ese momento.

Dios es un Dios de orden. Desde el principio del tiempo y la redacción de la Escritura, vemos a Dios trayendo al orden el caos de este mundo. En Génesis, Dios aparece sin explicación para traer orden y luz a nuestro mundo.

"En el principio creó Dios los cielos y la tierra. Y la tierra estaba desordenada y vacía, y las tinieblas estaban sobre la faz del abismo, y el Espíritu de Dios se movía sobre la faz de las aguas. Y dijo Dios: Sea la luz; y fue la luz." ~Génesis 1:1-3

La Escritura sigue para informarnos que Dios no es el autor de confusión como leemos en 1 Corintios 14:33, "Pues Dios no es Dios de confusión, sino de paz, como en todas la iglesias de los santos." Claramente si hay desorden y confusión, hemos dejado a Dios a un lado durante todo esto.

Podemos concluir que orden es una indicación directa de que estás siendo guiado por Dios. Pero el orden no se logra fácil. Posiblemente tú has notado que tu vida puede estar un poco desordenada. Y se pone más desordenada cuando no estamos siendo guiados por Dios en nuestro viaje.

Sería más fácil si viajáramos solos.

Bueno, esa es una gran idea, pero la realidad de un viaje solo a través de la vida no está disponible para nosotros. Dios lo ha dicho muy claro desde el principio que no es bueno que el hombre esté solo.

Sobre cada acto de la creación, Dios declaró que era bueno y aun muy bueno. La primera vez de la frase "no es bueno" fue usada cuando se refiere a la soledad del hombre. Dios abiertamente lo dijo "Y dijo Jehová Dios: No es bueno que el hombre esté solo; le haré ayuda idónea para él." ~Génesis 2:18

No puede haber sido bueno para Adán estar solo, pero por lo menos había orden. Cuánto tiempo se hubiese mantenido todo como tal, no sabemos. Todo eso es evidente. Un poco después fue formada Eva y presentada a Adán, el desorden entró al mundo por medio del pecado. Cada vez que dos o más de nosotros nos juntamos va a haber alguna forma de desorden.

La única posibilidad de restablecer el orden, es asegurarnos que estemos siguiendo a Dios. El camino del orden fue puesto por Dios. Todo lo que Adán y Eva tenían que hacer era seguir a Dios. Ellos solamente tenían que asegurarse que Dios estuviera en frente guiándolos, y el resultado sería orden. Ellos decidieron pecar y por hacer eso se negaron a seguir el liderazgo de Dios. El resultado fue el desorden que todos sentimos hasta el día de hoy.

Si estamos de acuerdo que nunca viviremos nuestras vidas solos, entonces nos conformamos muy rápidamente a vivir una vida ordenada. El orden es un indicador primario de ser guiado por Dios.

La palabra traducida como "orden" viene de la palabra Hebrea, "châmûsh." Es pronunciado khaw-moosh. Es un término usado en un sentido militar. Habla sobre el orden del rango de los soldados mientras marchan como una unidad. La idea es ser utilizado en todo tu equipo como un soldado firme sin discapacidad.

Un buen soldado entiende el valor de la unidad. Un poder de pelea de soldados funciona como si estuvieran uncidos juntos. Un viejo refrán es, "todos para uno y uno para todos." Hay una promesa de que ningún soldado se debe dejar atrás. La valentía no es una comprensión independiente; es ganada por la unidad.

Nuestra unidad de hermandad en cualquier nivel puede ser directamente atribuida a nuestra unidad con Dios. Estamos uncidos con Él para este viaje, pero es importante mantenernos en la perspectiva correcta mientras progresamos en la vida bajo la dirección de Dios.

No solamente no podemos hacer este viaje solos, tal vez podemos triunfar en grupo. Tal vez no sea más que un millón como los Israelitas saliendo de Egipto, pero probablemente nos encontramos a nosotros mismos en algún conjunto de personas. Tal vez sea un grupo de la iglesia, un aula de clase, o un equipo de trabajadores. Nosotros inevitablemente tenemos que interactuar como un batallón de soldados en algún punto. Nuestra supervivencia y éxito será directamente conectada con nosotros siendo unificados bajo de liderazgo de Dios.

Dios desea guiarnos en cada relación que nos encontremos durante nuestro viaje. Si el orden no es evidente en nuestras interacciones diarias con otros, puedes asegurarte que Dios no te está guiando en este tiempo.

Imagínate nuestra conexión con el liderazgo de Dios de esta manera. Toma dos números: cero y uno. Tú y yo somos el cero. Dios es el uno. Hay solamente dos maneras posibles en que puedas ordenar estos números, pero la diferencia es grande en los resultados.

Si tratamos de guiar nuestra vida el resultado se verá en una alineación como esta:

01

Allí tú tienes el mismo número que Dios declaró que no era bueno en el Jardín del Edén. ¿Recuérdate, el antiguo canto, "Uno"? Es la línea con cual ella abre, "Uno es el número más solitario que conocerás." Cuando nos ponemos en frente de Dios, los resultados son solamente nuestra soledad.

Sin embargo, si realineo mi vida y dejo que Dios me guie entonces los resultados se ven así:

10

¡¡¡Mira la diferencia en esta reordenación!!! El número uno es transformado a un diez. El número diez viene a significar lo mejor. Cuando calificamos a alguien o algo y son muy buenos le damos un diez. Si tú quieres una vida de orden, pon a Dios en frente y deja que él te guie. Los resultados te calificarán como un diez.

¡Pero aun se mejora! Dios le proveyó a Adán una mujer con la cual él pudiera caminar al lado durante su vida. Eva, formada de una costilla de Adán, fue su ayudante. Ella sería una compañera de vida mientras caminaran juntos durante su vida. ¿Qué es lo que tú crees que pasaría si dos ceros como Adán y Eva se juntan y reordenan sus vidas detrás del liderazgo de Dios? Si en verdad Dios está guiando a una pareja y mantenemos nuestra analogía de ceros y unos, el resultado se vería así:

100

¿Empiezas a ver el cuadro? Cada vez que nosotros nos juntamos bajo el liderazgo de Dios nuestra efectividad aumenta.

Añade a un niño a la familia y ese es otro cero, ya tienes:

1000

Deja que una familia se una a la iglesia de algunos cien creyentes, todos son ceros también, ahora tienes:

100,000

Si solo dos congregaciones se juntaran en unidad de fe y decidieran que juntos estarían bajo el divino liderazgo de Dios, el resultado numérico sería:

10,000,000

¡Y ahí lo tienes! Con una pareja, un niño, y una congregación de creyentes juntándose unos con otros bajo el liderazgo de Dios, tú tienes una fuerza efectiva de un ejército diez veces más en número que todos los hijos de Israel, que salieron de Egipto a un viaje a la Tierra Prometida.

Tú solamente puedes mover una fuerza poderosa cuando está hecho en orden. Como fue con Israel, también debe de ser con nuestras vidas. Debemos movernos bajo el liderazgo de Dios con orden de rango. Deja que Dios guie y todo lo que tenemos que hacer es mantener los ceros en sus lugares apropiados.

Desde este punto en adelante en tu viaje, puedes siempre convertir la unidad y el orden en un punto de chequeo en determinar cómo Dios está guiando tu vida. Recuérdate que debes hacer evaluaciones en cada nivel de tu vida para determinar si Dios en realidad está guiándote en tu camino.

Si hay desunión en tus pensamientos de vida y desorden en tu planeación, détente ahora y pon a Dios al frente de nuevo. Déjalo tener el control de tu vida privada. Deja que Él te guíe por medio de cada decisión y estarás sorprendido con la paz que vendrá. Será una paz que sobrepasa todo entendimiento (Filipenses 4:7)

En tu matrimonio, asegúrate que todas las indicaciones de desunión y desorden se resuelvan rápidamente. Como dije antes en este capítulo, Adán estaba viviendo una vida de orden hasta que Eva vino, pero Dios declaró que su vida de soledad no era buena.

Crea como prioridad el concepto de marchar juntos durante la vida. No dejes a ningún hombre o mujer atrás mientras pelean la buena batalla juntos. Comuníquense regularmente y hagan de eso la meta para sus vidas.

Noten que no dije metas. Puede haber algunos subconjuntos de objetivos que tú tengas como pareja, pero tu meta final es el cielo, y la Tierra Prometida. Dios te ha librado para viajar juntos a través del Mar Rojo, a través del desierto, y llegar a salvo al otro lado. Hablen juntos acerca del cielo y eviten la tendencia a devolverse a la soledad en Egipto cuando las cosas se pongan difíciles.

Como parte de una congregación… ¿Tú eres parte de una congregación verdad? Recuérdate que Dios ha encomendado plenamente, "…no dejando de congregarnos, como algunos tienen por costumbre, sino exhortándonos; y tanto más, cuanto veis que aquel día se acerca." ~Hebreos 10:25

Como parte de una congregación, deben servir juntos en armonía. Sean como buenos soldados enlistados para la batalla y júntense en orden de rango. Determinen su lugar en el ejército de Dios y si van bien allí. No se esfuercen por alcanzar el rango de otros. El valor pertenece a la unidad no al individuo. Caminen en unidad. Pablo hizo de esto una prioridad en sus cartas a la iglesia primitiva:

"Yo pues, preso en el Señor, os ruego que andéis como es digno de la vocación con que fuisteis llamados, con toda humildad y mansedumbre, soportándoos con paciencia los unos a los otros en amor, solícitos en guardar la unidad del Espíritu en el vínculo de la paz; un cuerpo, y un Espíritu, como fuisteis también llamados en una misma esperanza de vuestra vocación; un Señor, una fe, un bautismo, un Dios y Padre de todos, el cual es sobre todos, y por todos, y en todos." ~Efesios 4:1-6

¡Ahí está otra vez! El número uno está en su lugar apropiado. Solamente deja el Número Uno donde debe de estar y todos los ceros caerán en la posición correcta. Después de todo, no importa cuál cero viene primero, pero siempre es importa que Dios venga primero mientras Él te guía en tu viaje.

Postes de Señales

¿Cuán importante es en la vida de un cristiano vivir una vida de orden?

_____

_____

_____

_____

¿Por qué fue tan importante la salida ordenada de los Israelitas de Egipto?

_____

_____

_____

_____

¿Cuál es la regla primaria para tener orden propio en tu vida?

_____

_____

_____

_____

¿Cuándo fue que Israel en verdad comenzó a prepararse para salir de Egipto?

_____

_____

_____

_____

¿Cuáles son las áreas en tu vida que están actualmente desordenadas?

_____

_____

_____

_____

¿Cuáles pasos estás listo para tomar para volver el orden a tu vida?

_____

_____

_____

_____

Capítulo Cinco

CAMINANDO EN LA LUZ

Esos que son guiados por Dios <u>caminarán en la luz</u>.

Hace muchos años nuestra casa fue agraciada por un visitante. Su nombre era Elijah Bocnyori. Elijah no era su nombre verdadero. El había cambiado su nombre de nacimiento para reflejar su nuevo nacimiento en el Reino de Dios.

Elijah nos contó una historia acerca de su caminata a su hogar en la oscuridad. El explicó que siempre ataba una lámpara al final de un asta larga. El extendía el asta en frente suyo mientras caminaba en medio de los caminos de la jungla para regresar a su pueblo.

Él nos dijo que la luz era un consuelo para él. Atravesaba la oscuridad y no importaba qué tan oscuro estuviera la noche, su luz no podía ser extinguida. Cada paso causaba que todas las creaturas que estaban acechando en la oscuridad corrieran para cubrirse. Sus movimientos los delataban, pero él estaba estimulado por el sonido que emitían. El sabía que su lumbre en su asta estaba aclarando el camino de todas las cosas que le podrían hacer daño.

Dios hizo algo similar a los hijos de Israel mientras comenzaban su éxodo de Egipto. Él extendió la luz de Su propia presencia a este mundo oscuro. Él fue la lumbrera en el asta que iba en frente de ellos en medio de la oscuridad.

"Y Jehová iba delante de ellos de día en una columna de nube para guiarlos por el camino, y de noche en una columna de fuego para alumbrarles, a fin de que anduviesen de día y de noche. Nunca se apartó de delante del pueblo la columna de nube de día, ni de noche la columna de fuego." ~Éxodo 13:21-22

Claramente vemos en intento de Dios para guiarnos. Él fue delante de ellos--no al lado, ni atrás. Él estaba en frente de ellos durante el proceso entero.

La posición de Dios y el deseo expresado de guiar no excluye la realidad de que todos tenemos el potencial de correr delante de Dios, o malgastarnos en las sombras muy lejos de la columna de fuego.

Increíblemente, Dios nos dejará hacer lo que queramos. Yo mismo me he ido al frente de la luz de

Dios y tengo historias que contar que te pueden poner los pelos en punta. Yo también he sido privado de mis derechos con el viaje a la Tierra Prometida. Yo empecé a preguntar, "¿Ya Llegamos?" Después podrás ver que me he deslizado de Su guianza.

Dios conoce que la oscuridad es una fuerza de la naturaleza que tiende a manejarnos hacia Él y Su guianza. El está dispuesto a dejarnos correr al frente o dejarnos atrás para que podamos aprender una y otra vez que el lugar más seguro de todo está en la luz.

La nube de día y la columna de fuego de noche se convirtieron en el conductor de este tren de refugiados que están tratando de volver a su hogar. Las instrucciones estaban claras. Moverse solamente cuando la nube o la columna se movieran. Era una plataforma visible por la cual Dios reveló Su voluntad al pueblo.

Te puedes estar preguntado en este punto, ¿por qué no tenemos un instrumento que nos guie? Posiblemente pienses que podríamos usar un GPS del cielo para guiarnos por medio del tráfico de la vida. ¿Podría ser el viaje más simple si Dios solamente se muestra visible y camina delante de nosotros?

Yo creo que así sería, pero encontrarás que los hijos de Israel aun cometieron decisiones horribles con una nube y una columna en su presencia. Yo haría lo mismo cuando estoy usando mi GPS en mi vehículo. Escucho las instrucciones, pero rechazo seguirlas. Asumo que yo sé mejor, pero aún sigo escuchando a la señorita dentro del GPS repitiendo una y otra vez, "recalculando, recalculando."

Dios es mejor que un GPS. Él nunca recalcula. Él simplemente no nos deja que diseñemos nuestro propio camino y después le pidamos que venga con nosotros al camino. Su voluntad para nosotros es inviolable. Él ha declarado que solo Él es Dios y que Él nunca cambia. (Malaquías 3:6)

Israel sabía cuando moverse y cuando quedarse conforme al movimiento de la nube. "Y cuando la nube se alzaba del tabernáculo, los hijos de Israel se movían en todas sus jornadas; pero si la nube no se alzaba, no se movían hasta el día en que ella se alzaba. Porque la nube de Jehová estaba de día sobre el tabernáculo, y el fuego estaba de noche sobre él, a vista de toda la casa de Israel, en todas sus jornadas" (Éxodo 40:36-38).

Posiblemente no tengamos una nube o una columna, pero tenemos algo, o debería decir alguien, eso es mucho mejor. El Espíritu Santo de Dios ha tomado morada en cada creyente. Tenemos su consejo constante para guiarnos en cada decisión que tomemos. Él es mejor que una luz extendida en una columna. Esa luz se podría extinguir, pero Él es la misma esencia de Dios. Como Dios ha declarado que Él mismo es la luz (1 Juan 1:5) y que el Espíritu Santo es Dios, entonces podemos estar seguros de que siempre nos mantendremos en la luz.

Paul Lee Tan en su libro, *Encyclopedia of 7700
Ilustrations: Signs of the Times*, recuenta sobre la próxima
historia de guerra:

Durante la segunda Guerra Mundial un porta
aviones estaba en el Atlántico Norte. Mientras
estaba ocupado en la guerra, sus seis pilotos
salieron en el portador para buscar algunos
submarinos del enemigo. Mientras estos pilotos
estaban fuera, el capitán de la nave envió una
alarma. El botón fue precionado, y todas las luces
de esa nave fueron extinguidas.

Eventualmente estos pilotos se regresaron
hacia la nave nodriza, y presumiendo que estaba
abajo en algún lugar, aunque no la encontraron,
llamaron por radio al buque: "Danos luz,
estamos volviendo a casa."

El operador del radio en la nave mandó un
mensaje de vuelta: "La orden—apagón. No te
puedo dar luz."

Otro piloto recogió su radio y dijo,
"Solamente danos un poco de luz, y llegaremos."

El operador del radio dijo, "No hay luz—
Apagón."

El tercer piloto levantó su radio, y luego dijo,
"Danos solamente una luz, y aterrizaremos."

El operador no podía hacer nada más. El
alcanzó la radio, giró el interruptor, y quebró

contacto. Seis aviadores de sangre-roja, en su previa adultez, se estrellaron en el frio Océano del Atlántico Norte y se fueron a la eternidad.

Tú y yo nunca tenemos que preocuparnos cuando escucharemos una respuesta del cielo, "No luz— Apagón." Podemos regocijarnos en la realidad. Yo no dije que tal vez no esté oscuro. No dije que el sol puede estar oscuro por un tiempo. Mi garantía es que no importa que tan oscuro estén las circunstancias, siempre va a haber luz en el cielo como un fuego extendido en una columna.

Muchos versículos de la Escritura vienen a mi mente cuando pienso sobre este poste de millas mientras viajamos hacia la Tierra Prometida. Mientras validamos nuestros pasos y nos aseguramos de que Dios nos está guiando hacia allá hay algunas garantías que podemos esconder en nuestros corazones. Cada uno de nosotros puede ser una luz automática en la oscuridad de la noche.

"Otra vez Jesús les habló, diciendo: Yo soy la luz del mundo; el que me sigue, no andará en tinieblas, sino que tendrá la luz de la vida." ~Juan 8:12

"En él estaba la vida, y la vida era la luz de los hombres. La luz en las tinieblas resplandece, y las tinieblas no prevalecieron contra ella." ~Juan 1:4-5

"Jehová es mi luz y mi salvación; ¿de quién temeré?" ~Salmos 27:1

"No habrá allí más noche; y no tienen necesidad de luz de lámpara, ni de luz del sol, porque Dios el Señor los iluminará; y reinarán por los siglos de los siglos." ~Apocalipsis 22:5

Y este es uno de mis favoritos personales cuando pienso sobre la importancia de la luz mientras caminamos y Él nos guía:

"¿Quién hay entre vosotros que teme al Señor, que oiga la voz de su siervo, que ande en tinieblas y no tenga luz? Confíe en el nombre el Señor y apóyese en su Dios. He aquí, todos vosotros que encendéis fuego, que os rodeáis de teas, andad a la lumbre de vuestro fuego y entre las teas que habéis encendido. Esto os vendrá de mi mano: en tormento yaceréis." ~Isaías 50:10-11. Tomado de la Biblia de las Américas.

Dios no esconde la realidad de que van a haber tiempos cuando se pone muy oscuro. En esos tiempos es cuando perdemos nuestra compostura espiritual. Crecemos con miedo e intento inútil, tratamos de crear nuestra propia luz débil. ¡No lo hagas!

Estos versículos de Isaías lo hacen bien simple de que cuando tratamos de crear nuestra propia luz solamente nos llevará al tormento. Quédate seguro de que la luz en la cual estamos caminando no es la que tú creaste. Como un dicho favorito llamo a esto, "Teología para encender tu fósforo."

La idea aquí es tratar de crear tu propia luz cuando se está oscureciendo, encendiendo tu propia luz no te ayudará en tu viaje a la Tierra Prometida, solamente te guiará a la desgracia.

El versículo 10 comienza con una pregunta de tres partes. La última de éstas es, "¿Quién hay que ande en tinieblas y no tenga luz?" La inferencia está clara que las preguntas están hechas para creyentes.

La respuesta para los tiempos oscuros es poner tu confianza totalmente en Dios. Como hemos visto ya, como Dios es luz, podemos poner nuestra confianza completamente en Él para proveernos una manera para disipar la oscuridad. Yo llamo a esto "Radar Espiritual."

Cuando es muy oscuro para ver, podemos confiar en Dios, como un haz reflejándose hacia atrás a nosotros en la noche. Podemos estar seguros de que Dios no nos dejará sin una manera para caminar en la luz.

Mi pastor solía decir que cuando los tiempos se ponían duros y yo no podía ver ninguna salida a mi situación, "¡Hijo, se está poniendo gloriosamente más oscuro!" Ahora, eso es cuando prendes tu radar espiritual y sigues caminando mientras Él te guía.

Postes de Señales

¿En cuáles dos maneras es que Dios demostró Su presencia diaria en la vida de los Israelitas?

_____
_____
_____
_____

Describir el contraste entre caminar en la luz y caminar en la oscuridad.

_____
_____
_____
_____

¿Cuáles son las consecuencias de crear nuestra propia luz?

_____
_____
_____
_____

Describe un tiempo reciente en tu vida que parecía oscuro. ¿Por qué es tan importante encontrar la luz de Dios?

_____
_____
_____
_____

NOTAS

Capítulo Seis

PERSEGUIDO POR UN ENEMIGO

Esos que son guiados por Dios <u>serán perseguidos por un enemigo</u>.

¡Ahora no son buenas noticias! Somos liberados por la mano poderosa de Dios. Finalmente venimos al lugar en nuestra caminata donde paramos de cuestionar acerca de la habilidad de Dios en guiarnos. Ponemos nuestras vidas en orden y empezamos a caminar en unidad. Estamos regocijándonos en la realidad de que Dios ha prometido luz para cada paso de nuestro viaje.

Y después miramos a nuestro alrededor y vemos al enemigo rápidamente acercándose. Yo pensaba que alguien había dicho que sería fácil o aunque sea sería un pequeño ejercicio de fe.

¡Estás equivocado otra vez!

Aquí es donde estamos en la historia de Éxodo. Israel salió del control de Egipto, pero aun no han pasado los límites de la ciudad de Egipto. La dirección en la cual han sido guiados por Dios los pone a la orilla del Mar Rojo. Ellos están en la orilla de un canal y como un millón de personas tratando de apretarse para pasar de una vez.

El Mar Rojo está delante de ellos como una pared impasable y el Faraón había superado su dolor de la muerte de su hijo rápidamente. Él había remplazado su dolor con enojo y amargura, y decide enviar sus ejércitos para recapturar a los Israelitas y regresarlos bajo la mano dura de la cautividad.

El incidente está escrito en Éxodo 14. "Y endureció Jehová el corazón de Faraón rey de Egipto, y él siguió a los hijos de Israel; pero los hijos de Israel habían salido con mano poderosa. Siguiéndolos, pues, los egipcios, con toda la caballería y carros de Faraón, su gente de a caballo, y todo su ejército, los alcanzaron acampados junto al mar, al lado de Pi-hahirot, delante de Baal-zefón."~Éxodo 14:8-9

La Escritura algunas veces nos da nombres geográficos donde las narraciones de las historias fueron realizadas. Un vistazo a estos nombres y sus significados algunas veces nos puede ayudar a entender lo que estaba transpirando y dan indicación del valor que esta narración añade a nuestra caminata.

Mientras Israel salió de Egipto, Dios los guió de una manera que previniera el conflicto directo con los enemigos que estaban delante de ellos. Pero lo interesante es que Dios endureció el corazón del Faraón sobre los hijos de Israel.

El enemigo fue actualmente guiado por las acciones de Dios para perseguir a Israel en un intento de recapitulación. Fue Dios que los guió al lugar donde podrían ser capturados a menos que Él intercediera.

Ese lugar fue cerca a Pi-hahirot antes de que llegaran a Baal-zefón. Si recuerdas la referencia a mi GPS la cual use antes, hice una analogía de que algunas veces no seguimos el consejo que estamos recibiendo de la unidad y nos encontramos en problemas. Aquí estaba el problema y era todo idea de Dios.

El lugar llamado Pi-hahirot puede ser literalmente traducido como "la entrada de la boca de un cañón." El otro lugar cerca fue Baal-zefón, su nombre viene del dios de los filisteos y de la palabra que significa oscuridad o penumbra.

Este sería un buen momento para que la música comience un crescendo y esperamos que algo salte de la oscuridad y nos agarre. En otras palabras, Israel estaba en problemas.

Ellos estaban acampando en la entrada de la boca de un cañón profundo, oscuro, y presentían que solía vaciarse en la playa al final del Mar Rojo. El ejército de Faraón posiblemente pensó que habían ganado el premio mayor. Estos esclavos estarían construyendo ladrillos para la próxima pirámide desde ese momento.

Lo que no sabían es que todo esto estaba siendo orquestado por Dios mismo. ¡Nunca subestimes la habilidad de Dios para sacarnos de un problema! ¡Nunca dejes que la geografía de la circunstancia tome tu gozo o aplaste tu fe!

Si hemos de seguir a Dios mientras Él nos guía, vamos a ser perseguidos por el enemigo. Esta es una de las maneras de saber si estamos siendo guiados por Dios. Mira hacia atrás. Si no vez al enemigo ardiendo siguiéndote a tus tobillos, entonces mejor pregúntate si de veras estás siendo guiado por Dios o no.

Dios guió a los hijos de Israel a este mismo lugar y después despertó al enemigo para que los siguieran. Teniendo un enemigo que te sigue o te rodea es una señal de que en realidad estás siendo guiado por Dios. Esto es un marcador que no puede ser negado o evitado. Lo más probable es que el enemigo vendrá cuando estás siendo guiado por Dios.

Viene a mi mente una historia que está atribuida a la vida del militar de un Teniente General Lewis Bruwell "Chesty" Puller. Sus palabras exactas pueden ser disputadas, pero su vida heroica empareja su espíritu sobre la situación con la cual fue enfrentado durante la Guerra Koreana. En la batalla de Chosin, el ejército de China rodeó a los hombres que estaban siendo guiados por Puller.

Chesty calmadamente miró la situación sin esperanza y dijo "Están a la izquierda, están a la derecha, están en frente, y detrás; no pueden alejarse de nosotros esta vez."

Estamos rodeados de nuestros enemigos, es tiempo de reflexionar sobre la guianza de Dios al ponernos en esta situación. Si Él nos guió hacia aquí, entonces es Su responsabilidad de guiarnos hacia afuera también.

Jesús enfrentó un enemigo continuamente durante los años de Su ministerio aquí en la tierra. Nadie preguntaría si Él estaba siendo guiado por Dios, pero Él fue continuamente perseguido por las fuerzas del infierno.

Temprano en Su ministerio, Él fue guiado por el Espíritu al desierto. Allí Él directamente confrontó a Satanás, y tres veces trató con la tentación severa. En cada caso Él respondió a las acusaciones e insinuaciones del diablo con dos palabras, "¡escrito está!" (Mateo 4 y Lucas 4)

Luego en Su ministerio Él le dijo a Sus discípulos, "¡Ay de vosotros, cuando todos los hombres hablen bien de vosotros! porque así hacían sus padres con los falsos." ~Lucas 6:26

Es simplemente antinatural para un seguidor de Dios, no tener al enemigo cerca a sus tobillos. Chequea a tu alrededor. Tú puedes estar bendecido si ves una nube de tierra subiendo en el horizonte. Puedes estar seguro que Dios te está guiando en tu viaje cuando ves a todos los lados y ves al enemigo rodeándote.

Toma la actitud del general cuando esto ocurra en tu vida. "¡No pueden alejarse de nosotros esta vez!"

Nunca saldremos directamente de Egipto a la Tierra Prometida. Dios nos guiará en un viaje que nos preparará y nos fortalecerá. Nuestra fe será examinada y crecerá.

Hemos examinado cinco de las siete maneras en las cuales podemos saber que Dios nos está guiando. Estas son:

Esos que son guiados por Dios <u>han sido liberados</u>.

Esos que son guiados por Dios <u>siguen sin cuestionar</u>.

Esos que son guiados por Dios <u>siguen de manera ordenada</u>.

Esos que son guiados por Dios <u>caminan en la luz</u>.

Esos que son guiados por Dios <u>serán perseguidos por un enemigo</u>.

Postes de Señales

¿Cuál fue la respuesta del Faraón a la salida de Israel de Egipto?

_____
_____
_____
_____

¿Cómo es que Dios usa la persecución del enemigo para aumentar nuestra fe?

_____
_____
_____
_____

¿Hasta qué punto, es que el enemigo para de perseguir a un creyente?

_____
_____
_____
_____

¿Por qué es que Dios nos guía en situaciones en las cuales no tenemos escape?

_____

_____

_____

_____

Mirando hacia atrás rápidamente, ¿quién o qué es lo que te persigue hoy?

_____

_____

_____

_____

Capítulo Siete

LA SALVACIÓN DEL SEÑOR

Esos que son guiados por Dios <u>verán la salvación del Señor</u>.

Los hijos de Israel estaban atrapados. El Mar Rojo estrechado delante de ellos y el ejército de Egipto alineado detrás de ellos. Nada menos que un milagro iba a aliviar su problema.

Ah, pero fue Dios quien los guió a este lugar. Era el mismo Dios que había prometido nunca desampararlos. Es este Dios quien dijo en los tiempos de Jueces, "Yo os saqué de Egipto, y os introduje en la tierra de la cual había jurado a vuestros padres, diciendo: No invalidaré jamás mi pacto con vosotros." ~Jueces 2:1

Su Dios los liberó con su poder, y demostró su fuerza para protegerlos mientras el ángel de la muerte pasaba por sus hogares. Ellos salieron con audacia y a su salida literalmente desposeyeron de todas sus riquezas a los Egipcios. Lo que ellos hicieron había sido una exhibición gloriosa de salvación.

Pero ahora estaban en problemas. Iban a ser derrotados aun antes de cruzar la frontera de salida de Egipto. ¿Qué es lo que necesitaban?

Ellos necesitaban la salvación del Señor. Pero esperen. ¿No que ya habían experimentado la salvación? ¿No que la salvación era un evento una sola vez? La salvación está supuesta a ser un proceso completado que nunca debería ser visto de nuevo, ¿verdad? Bueno, sí y no.

La salvación realmente toma lugar como un proceso contínuo. Somos salvos completamente y para siempre en un momento de tiempo. Somos salvos en ese instante de la pena del pecado. Como Israel, estamos librados de las ataduras a la libertad, de la oscuridad a la luz, y de la muerte a la vida.

Estamos siendo salvos, sin embargo, del poder del pecado diariamente. Esta parte de la salvación es para siempre. Pasamos todo el tiempo mientras caminamos a través de la vida siguiendo la guianza de Dios. Algunas veces el viaje nos lleva a lugares duros y en esos momentos necesitamos salvación para que sea evidente en una manera nueva y poderosa.

Esto es cuando Israel estaba en la orilla del Mar Rojo. Su fe estaba fallando. El miedo los había tomado cautivos y sus dudas los llevó a quejarse. Inmediatamente ellos pensaron que estaban mejor en

Egipto. Ya habían tirado la toalla antes que la batalla comenzara. Nada menos que la salvación haría algo y esto es lo que la palabra de Dios por medio de Moisés les informó en ese momento.

"Pero Moisés dijo al pueblo: No temáis; estad firmes y ved la salvación que el Señor hará hoy por vosotros." ~Exodo 14:13a

Aquí están, habían contemplado el acto más demostrativo de Dios que habían visto en sus vidas. Una columna de fuego estaba ardiendo brillante delante ellos y aun estaban llenos de miedo. Estaban comenzando a sudar y a volverse a la cautividad. La decisión de huir o pelear había sido hecha y decidieron pelear.

Pero Moisés se paró ante ellos con seguridad y proclamó, "¡Estense quietos!" Este es el lugar donde debemos de estar. Debemos de calmar nuestros miedos y solamente quedarnos quietos. El salmista lo dijo mejor, "Estad quietos, y conoced que yo soy Dios; seré exaltado entre las naciones; enaltecido seré en la tierra. Jehová de los ejércitos está con nosotros; nuestro refugio es el Dios de Jacob." ~Salmos 46:10-11

Cuando veas que todo está perdido, quédate quieto. Cuando el enemigo nos ha perseguido, quedémonos quietos. Cuando nos veamos atrapados en la boca de un cañón oscuro, quedémonos quietos.

Quédate quieto y sabrás una vez más que Él es Dios, y que está listo para salvarte, no sólo de la pena (esclavitud) de tus pecados, sino también de esos momentos de todo poder del pecado, como de un ejército Egipcio contra ti. "Quédate quieto y mira la salvación del Señor."

Salvado de la pena y del poder del pecado nos guiará a ese día en el futuro cuando seamos salvados de toda presencia del pecado. Finalmente, pondremos un pie en el cielo donde el pecado no puede entrar y nunca tendremos que enfrentar al enemigo en la orilla del Mar Rojo.

Hasta ese día, el encuentro de Israel con el ejército de Egipto nos da visión profunda de cómo debemos responder cuando el poder del pecado se desata contra nosotros por el enemigo.

Primero debemos de ver nuestra impotencia. El versículo de Éxodo 14:13 mostrado arriba nos dice que Dios va a proveer la salvación que sólo Él puede lograr. Jonás vino a esta conclusión desde el estómago del gran pez cuando dijo, "La salvación es de Jehová." ~Jonás 2:9 Hay algunas situaciones cuando nuestra ayuda no es necesaria ni suficiente. Debemos caer completamente en Su gracia y creer que Él hará lo que dijo que haría.

Segundo, debemos de estar listos para dejar a los egipcios persistentes. En este mismo versículo, Moisés dijo a los hijos de Israel, "porque los egipcios que hoy habéis visto, nunca más para siempre los veréis." ~Exodo 14:13b

¿Aun quedan algunos Egipcios pendientes en tu vida? Es tiempo de dejarlos. Ellos continuarán persiguiéndote y atrapándote en lugares difíciles. Su presencia en tu vida siempre traerá miedo a tu vida. Serás tentado a correr de vuelta a Egipto pensando que es mejor vivir en esclavitud que ser perseguido por el enemigo. Que este sea el día en que tú no veas más a los Egipcios por siempre.

Tercero, debemos ser completamente dependientes. Moisés dijo a los Israelitas, "Jehová peleará por vosotros, y vosotros estaréis tranquilos." ~Exodo 14:14

No tenemos que levantar ningún dedo en nuestra defensa. El término quedarse tranquilos puede ser traducido como "quédate callado." Dios no necesita nuestra contribución en el asunto. Debemos dejar que Él pelee por nosotros. Recuérdate, que Job se metió en problemas por tratar de dar consejos a Dios.

Sé que no es natural para nosotros. Nuestro pensamiento reflexivo es defendernos; pelear nuestra propia pelea; suena la trompeta y corremos hacia el enemigo. Pero aquí está la verdad: Tú no tienes lo que se necesita para ganar esta batalla. Solamente tu rendición completa a la guianza de Dios se hará cargo de esto.

Yo escribí en mi libro de devocionales, *Glasses in the Grass: Devotions for My Friends*, que trata bien con la idea de dejar que Dios pelee por nosotros. Es titulado, "Mi Papi puede Ganarle a Tu Papi." Aquí está el devocional del 23 de Febrero:

Cuando los niños pequeños se juntan algunas veces les gusta alardear. Ellos comparan notas de todo tipo de cosas. Eventualmente la discusión se agota cuando casi se igualan.

Es en algún momento como ese que uno de los pequeñitos diría, "¡Mi papi le puede ganar al tuyo!" ¡Qué injusto! Traen los padres a sus asuntos.

Como creyentes podemos meternos en algunas peleas también. Nos encontraremos en una batalla con el diablo como el tentador que trata de arrastrarnos hacia abajo. Sus intentos muchas veces vienen como acusaciones contra nuestro Padre.

Sus métodos no han cambiando desde el Jardín del Edén. El viene con una declaración retorcida que nos hace cuestionar sobre la verdad de Dios. Siempre está formada en una pregunta como esta: "Dios verdaderamente dijo _____." Y después deja espacio para que nosotros podamos llenar la raya en blanco.

Dios tiene algunas preguntas también para tiempos como estos. "'¿A qué, pues, me haréis semejante o me compararéis? dice el Santo.' '¿No has sabido, no has oído que el Dios eterno es Jehová, el cual creó los confines de la tierra? No desfallece, ni se fatiga con cansancio, y su entendimiento no hay quien lo alcance.'" ~Isaías 40: 25, 28

En esencia Dios nos da el permiso para decir, "¡Mi papi le puede ganar al tuyo!" Excepto en este caso, nosotros podemos decir, "¡Mi papi YA te ha ganado!"

No importa qué tan grande aparente ser tu enemigo, Dios nunca ha visto a su igual. No importa cuánto tiempo dura el ataque, Dios nunca se cansa. Él nunca desmayará de cansancio.

No pierdas tu energía tratando de averiguar cómo Dios hace esto. Él claramente declara que entendiéndolo es más alto de nuestro alcance.

Solamente saca el pecho y dile al diablo, "¡Mi papi ya te ganó por siempre y tú eres muy tonto para reconocerlo!" ¡Uf! ¡Eso se sintió bueno solamente escribiéndolo! ¡Ahora ve y úsalo tú!

Cuarto, debemos accionar por fe. Los Israelitas estaban listos para huir de vuelta a Egipto. Estaban echando la culpa a Moisés por sacarlos de Egipto solamente para que murieran en el desierto. Era evidente que su fe tenía un camino largo antes de que alcanzara el más mínimo grado de madurez.

Dios respondió a sus aullidos con estas palabras, "Entonces Jehová dijo a Moisés: ¿Por qué clamas a mí? Di a los hijos de Israel que marchen." ~Exodo 14:15

Aquí hay uno de esos enigmas de la Escritura que te confunden si no tienes cuidado. Dios les había dicho que se quedaran quietos y que vieran la salvación del

Señor. Y ahora, con el mismo aliento, les está diciendo que se pongan en marcha.

¿Estamos sirviendo a un Dios que no puede poner Su mente en una sola decisión?

¡Claro que no!

La respuesta es muy simple. Debemos mantenernos sobre la realización de nuestra salvación de que podemos con toda seguridad marchar adelante por fe.

Observen que Dios estaba guiando en la dirección opuesta a Egipto. La fe nunca nos lleva al revés; siempre estaremos marchando hacia adelante por fe.

Este no era un tiempo para llorar. Era el tiempo de llevar a cabo la responsabilidad en esa gran liberación. La batalla pertenecía al Señor. El enemigo era Suyo en ese momento. La parte de Israel era seguir marchando hacia el Mar Rojo.

Sí, ya lo averiguaste. Ellos tenían que marchar hacia adelante ANTES que el mar fuera abierto. La fe opera no por vista. La fe no necesita todos los datos detallados. La realidad no necesita ser en el tiempo pasado para que nosotros actuemos con fe.

La palabra de Dios es simple. Para de llorar y marcha hacia adelante. Haz lo que Dios te ha requerido hacer. No más y no menos.

Pablo lo puso de otra manera hablando de nuestra salvación y nuestra respuesta a ello. Él lo dijo a la iglesia de Filipos, "Por tanto, amados míos, como siempre habéis obedecido, no como en mi presencia solamente, sino mucho más ahora en mi ausencia, ocupaos en vuestra salvación con temor y temblor." ~Filipenses 2:12

Quinto, y finalmente, regocíjate en la victoria. Dios dio a Moisés la llave para abrir el Mar Rojo y la victoria que lo seguía.

"Y tú alza tu vara, y extiende tu mano sobre el mar, y divídelo, y entren los hijos de Israel por en medio del mar, en seco. Y he aquí, yo endureceré el corazón de los egipcios para que los sigan; y yo me glorificaré en Faraón y en todo su ejército, en sus carros y en su caballería; y sabrán los egipcios que yo soy Jehová, cuando me glorifique en Faraón, en sus carros y en su gente de a caballo." ~Éxodo 14:16-18

Dios se engrandeció a sí mismo ese día, no solo ante los Israelitas, sino también ante los Egipcios. Israel pasó por en medio de los obstáculos que se exponían ante ellos momentos antes. Lo hicieron en tierra seca. Dios no hace cosas a medias. Cuando la fe es accionada y Dios responde, no hay ninguna posibilidad de atascarse en el fango de la duda.

Ahora vemos el plan de Dios completamente revelado. Él había endurecido el corazón de Faraón previamente, y le movió para que viniera detrás de Israel persiguiéndolo. Ahora todo los Egipcios estaban sufriendo la misma suerte, mientras Dios endureció sus corazones otra vez.

El enemigo que había sido librado para perseguir a Israel ahora sería destruido por el mismo milagro que liberó al pueblo de Dios. Como dice el coro del viejo himno, "Fe la victoria es, fe la victoria es, fe nuestra victoria es, que al mundo vencerá."

Postes de Señales

¿Cuán importante es que estemos quietos en nuestra caminata diaria como creyentes?

_____
_____
_____
_____

Has una lista de las reacciones que experimentaste cuando te viste con un obstáculo como el Mar Rojo.

_____
_____
_____
_____

Haz una lista de las reacciones que experimentaste cuando fuiste confrontado con enemigos como los Egipcios.

_____
_____
_____
_____

¿Cómo es posible quedarnos quietos y marchar
adelante al mismo tiempo?

_____

_____

_____

_____

Si Dios está guiando, entonces ¿quién es responsable
de los padecimientos de la vida? ¿En qué manera?

_____

_____

_____

_____

¿Por qué es que Dios nos guía a desafíos que están
fuera de nuestro alcance para lograr?

_____

_____

_____

_____

Capítulo Ocho

EL CANTO DE VICTORIA

Esos que son guiados por Dios <u>cantarán el canto de victoria</u>.

El canto toca una parte importante en la historia de Israel. Un vistazo a la Biblia nos guiará a muchos versículos que recuentan los tiempos en que Israel cantaba. Algunas veces sus cantos eran en preparación para batallas; otras veces seguían a sus victorias.

Claro, tenemos el mejor libro de cantos escrito en Salmos. En este único libro de cantos de todo tipo fueron coleccionados para nuestra edificación. Estos cantos nos dan un vistazo de la vida de los que los escribieron. Podemos aprender mucho de estos cantos.

Tan pronto como los hijos de Israel cruzaron al otro lado del Mar Rojo y miraron el ejército entero del

Faraón destruido bajo las olas, Moisés los guió en un canto glorioso de victoria. Los versículos de este canto están llenos de la historia de su liberación y de alabanza al gran Dios que fue el libertador.

El último punto de control en el viaje a la Tierra Prometida siempre nos ayudará en saber si Dios está guiando nuestros pasos o no. Una persona dijo que solamente el redimido puede cantar cantos de gracia. Creo que eso es verdad. Tú debes ser salvo para cantar cantos de la gloriosa salvación.

No solamente la salvación debería ser un prerrequisito para cantar cantos de victoria, no puede haber victoria si no nos comprometemos en la batalla. Recuérdate, nunca peleamos solos. La batalla es del Señor e igualmente los cantos que cantaremos son de Él y no de nosotros. Nuestro cantar debe ser una alabanza, porque sin Dios a nuestro lado, no hubiera victorias en la cual podamos participar.

El canto de victoria no puede ser cantado en el lado de Egipto. Para cantar debes moverte por la fe a través del mar. Previamente, mencioné un himno antiguo que podría ser apropiado por un movimiento de fe. Era el canto, "Fe la victoria es." Una vez que la victoria ha sido completamente experimentada el canto podría ser cambiado a "Victoria en Jesús." En ambos casos toda la gloria pertenece a Dios. La fe de cruzar por en medio del mar fue un regalo de Él y la victoria sobre el enemigo es por el milagro que Él proveyó.

Los milagros son muy posibles, pero solo lo encontrarás cuando Dios está guiando. Cuando confiamos en Dios para guiarnos y demostramos esa confianza por seguirlo, entonces nos encontramos en un lugar donde los milagros pueden ocurrir. Los milagros son otra buena razón por la cual cantar.

Israel tuvo ambas, una victoria y un milagro para comenzar su canto. Al otro lado de ambos comenzaron a cantar. Un examen del canto de Éxodo 15 demuestra que Moisés y las personas cantaban alabanzas a Dios quien los liberó de los poderosos Egipcios.

"Entonces cantó Moisés y los hijos de Israel este cántico a Jehová, y dijeron: Cantaré yo a Jehová, porque se ha magnificado grandemente." ~Exodo 15:1a

Cuando somos guiados por Dios nuestras canciones siempre serán para darle toda la gloria a Él. La alabanza es para atribuirle valor al objeto o a la persona. Las palabras de esta canción declaran que era Dios, no Israel, que había triunfado gloriosamente.

Si la alabanza es dirigida hacia el que está siendo adorado, se plantea una pregunta a la luz de lo que nosotros muchas veces llamamos la adoración. Las canciones muchas veces glorifican al hombre y sus habilidades. Muchas canciones a menudo hoy no glorifican a Dios quien triunfó tan gloriosamente al Israel cruzar el Mar Rojo.

En este canto Moisés no dejó fuera ningún detalle al contar la historia del triunfo de Dios sobre el ejército de Faraón. Tan completa fue su destrucción que Él declaró en Éxodo 15:5 que ellos se hundieron como piedras en el mar. En el versículo 10 de este capítulo, el canto habla sobre el ejército hundiéndose como el plomo.

Dios está siendo adorado en esta canción como el único Dios verdadero. Las declaraciones son expresadas en preguntas, "¿Quién como tú, oh Jehová, entre los dioses? ¿Quién como tú, magnífico en santidad, terrible en maravillosas hazañas, hacedor de prodigios?" ~Exodo 15:11

La respuesta a estas y otras preguntas como ellas es siempre las del Dios que dirige. Este canto de victoria sigue declarando que fue Dios mismo que guió a Israel desde el principio hasta el final.

Imagina, si puedes, la melodía que acompañó todas estas palabras, "Condujiste en tu misericordia a este pueblo que redimiste; lo llevaste con tu poder a tu santa morada." ~Exodo 15:13

En este único verso del canto habla de un Dios que puede guiar a las personas fuera de la cautividad, guiarlos en poder por medio de todas las pruebas, y llevarlos a su santa morada. Servimos a un Dios que merece toda nuestra alabanza mientras Él nos guía en cada paso.

Pero hay otro beneficio en nuestro testimonio en el canto. Nuestro cantar será escuchado por el enemigo que aun deberemos de confrontar en los días después de haber salido de Egipto.

"Lo oirán los pueblos, y temblarán; se apoderará dolor de la tierra de los filisteos. Entonces los caudillos de Edom se turbarán; a los valientes de Moab les sobrecogerá temblor; se acobardarán todos los moradores de Canaán. Caiga sobre ellos temblor y espanto; a la grandeza de tu brazo enmudezcan como una piedra; hasta que haya pasado tu pueblo, oh Jehová, hasta que haya pasado este pueblo que tú rescataste." ~Exodo 15:14-16

¿Puedes escuchar el coro de un millón de cantantes enfrentándose al viaje delante de ellos? Sus voces salían sobre las arenas de Arabia, sobre el desierto y caían sobre los habitantes de las tierras que ellos ocuparían.

No es extraño que cuando ellos llegaron años después a Jericó, Rahab les dijo a los espías, "Sé que Jehová os ha dado esta tierra; porque el temor de vosotros ha caído sobre nosotros, y todos los moradores del país ya han desmayado por causa de vosotros. Porque hemos oído que Jehová hizo secar las aguas del Mar Rojo delante de vosotros cuando salisteis de Egipto…" ~Josué 2:9-10

¿Estás cantando el canto de victoria? Si no, entonces no estás siendo guiado por Dios. El último punto es el que te va a enseñar el camino para proclamar tu dependencia en la guianza de Dios a todos los que te observen en tu viaje.

Tú puedes ser un testigo para los otros viajeros y a esos que podrían ser enemigos en tu camino a la Tierra Prometida.

Es tiempo de comenzar a cantar.

Postes de Señales

¿Cuál es el prerrequisito de cantar el canto de victoria?

_____
_____
_____
_____

¿Cuán importantes son los cantos y el cantar en la vida de un creyente?

_____
_____
_____
_____

¿Qué o quién debería ser el enfoque de toda adoración?

_____
_____
_____
_____

Brevemente describe lo que inspira el canto de victoria en Éxodo 15.

_____
_____
_____
_____

¿Quiénes fueron las personas o los grupos que fueron afectados por el canto de victoria?

_____

_____

_____

_____

Escribe un párrafo o dos describiendo tu canto personal de victoria.

_____

_____

_____

_____

_____

_____

_____

_____

_____

_____

_____

_____

_____

_____

_____

_____

_____

_____

Conclusión

Por lo demás, aquí están los postes de señales para tu viaje. Estos siete marcadores sirven como puntos a lo largo del camino. Tú puedes hacer un inventario cualquier día para averiguar si Dios en realidad te está guiando.

Aquí están de nuevo:

Esos que son guiados por Dios <u>han sido liberados</u>.

Esos que son guiados por Dios <u>siguen sin cuestionar</u>.

Esos que son guiados por Dios <u>siguen de manera ordenada</u>.

Esos que son guiados por Dios <u>caminarán en la luz</u>.

Esos que son guiados por Dios <u>serán perseguidos por el enemigo</u>.

Esos que son guiados por Dios <u>verán la salvación del Señor</u>.

Esos que son guiados por Dios <u>cantarán el canto de victoria</u>.

El orden en el cual estos ocurren es muy importante. Ellos son lógicos en su presentación, pero también están espiritualmente alineados.

Debes ser librado de tus pecados y ofensas antes de que cualquier otra cosa pueda pasar. Ese es claramente el lugar donde puedes comenzar tu camino con Dios e iniciar su guianza.

Tú vas a aprender a confiar en Él mientras tomas este viaje y las preguntas se harán menos frecuentes. Lo primero en desaparecer será "¿Ya llegamos?"

Comenzarás a notar que tu vida se está ordenando. El Espíritu Santo ahora vive en ti como creyente. Esto significa que Dios está en ti y donde Dios está no puede haber confusión.

Estarás feliz de la luz cuando la oscuridad venga, y vendrán. Aun cuando una luz pequeña es apreciada en un cuarto oscuro. Dios es la luz y Él mandó a Su Hijo Jesús como la luz del mundo.

Tú encontrarás que el diablo no se da por vencido fácilmente. Como Faraón, él te va a perseguir y a tratar lo mejor, para destruir tu testimonio. Asegúrate de que recuerdes que fue Dios que endureció el corazón de Faraón y fue Dios que hundió el ejército de Faraón en el mar.

Tú verás la salvación completa del Señor. Vendrá día a día mientras Dios te dirige. Tú estás siendo diariamente rescatado del poder del pecado si has sido liberado de su penalidad. Un día glorioso serás llevado al lugar donde el pecado ya no existe y serás liberado de su presencia.

Finalmente, puedes cantar. Dios ha puesto una canción de victoria en tu corazón que nadie puede quitar. Si no sabes las palabras de esta canción, entonces comienza hoy a ponerlas en tu corazón y en tu mente. Únete a miles de otros quienes han experimentado la victoria en Jesús.

Victoria en Jesús

Oí bendita historia,
De Jesús quien de su gloria,
Al Calvario decidió venir
Para salvarme a mí.
Su sangre derramada
Se aplicó feliz a mi alma,
Me dio victoria sin igual
Cuando me arrepentí.

Ya tengo la victoria,
Pues Cristo me salva.
Buscome y comprome,
Con su divino amor.
Me imparte de su gloria,
Su paz inunda mi alma;
Victoria me concedió
Cuando por mi murió.

ACERCA DEL AUTOR

R. E. CLARK actualmente sirve como misionero asociacional en Arkansas. Él obtuvo su D. Min. de Soutnerh Baptist Center en Jacksonville, Florida. Sirvió como pastor en cuatro Iglesias antes de comenzar su servicio como misionero asociacional en 71 iglesias, misiones y puntos ministeriales de Northwest Baptist Association en Bentonville, Arkansas. Sus escritos vienen de las experiencias que ha tenido durante su vida que incluyen más de 32 años en el ministerio.

Antes de ser llamado al ministerio fue un propietario de negocios. Su vida devocional se hizo más profunda y su carrera como escritor comenzó en 2008 después de la muerte de su primera esposa Kay de la enfermedad de Lou Gehrig. Él ha sido bendecido con su segundo matrimonio con Trudy. El primer esposo de Trudy, un oficial de policía, fue asesinado en la función de su trabajo. Juntos tienen 8 hijos, 17 nietos, y un bisnieto. Ellos residen en Centerton, Arkansas.

Tú puedes contactar al autor por medio de estos medios sociales:

Facebook: R.e. Clark
Twitter: GlassesnGrass
Blog: reclarkauthor.com